I0486750

Post-Capitalism

«Пост-Капитализм»

Georg Haller

Google vs Capitalism

ISBN 978-3-941157-50-7

info@eveda.org

Google и Капитализм. Что общего?

На мой взгляд, Google очень плодотворно движется к воплощению мечты всех коммунистов планеты: - от каждого по способностям, каждому - по потребностям.

Не буду вдаваться в подробности описания всех сервисов Google, чтобы меня не посчитали за нанятого пиарщика, но вскользь скажу о небывалом количестве бесплатных услуг на Google. А что самое приятное - это бесплатный контент. Книги, журналы и информация.

Отрешимся на мгновение от реалий современного общества. Общества потребления. В котором вся машина производства и сферы услуг направлена на создание капитала, прибавочной стоимости и прибыли. Которые (капитал, прибавочная стоимость и прибыль), после столь мучительного и трудоёмкого процесса своего возникновения, используя практически все имеющиеся на сегодня ресурсы планеты и населения, а главное — подавляющее время жизни большинства трудоспособного населения, в ущерб самому процессу жизни, получают лишь бумажные фантики и терабайты информации в банках.

И это ужасно!

Человечество загнало себя в угол, склонившись в позе просителя перед всемогуществом новоявленного Спасителя, посланника Божьего – Доллара, Евро, Юани, Фунта, Рубля…

Который, воистину - творит чудеса! Кормит голодающих, поит страждущих, раздвигает воды морей, исцеляет больных…

Создаёт свои храмы, разучивает молитвы – во славу себе, собирает пожертвования и учит своих Апостолов.

И творит за 7 дней из безжизненной пустоши – Рай на земле!

Помолимся же. И воздадим Славу Ему!

Да. Почему бы и нет. Если уж он вездесущ и всемогущ.

Но…

Попробуем всё-таки отрешится, хотя бы мысленно от обаяния великого достижения Капитализма – Капитала, во всех его проявлениях, от Денег, от Прибыли.

Каждый человек имеет Потребности. И Возможности. А в современном обществе – и то и другое, представляет собой не больше и не меньше – Информацию.

Несомненно, что Капитал, о котором шла речь выше – тоже являет собой море информации. И не только о том, что произведено и какие услуги оказываются, но еще – и каким образом это всё доставляется к потребителю.

И вот тут-то, как раз, и появляется Он – Дьявол. Мешающий всем жаждущим получить желаемое. В виде - Стоимости. Стоимости товаров и услуг.

Он прочно засел между фермерами и рабочими на заводах, создающих все блага нашей цивилизации и между раздетыми, разутыми, голодными неучами. Страстно желающими получить что-то для обеспечения своего существования.

И, вроде бы, картофель на соседнем поле – совсем не изменился за последние 200 лет. Каким он был – таким он и остался, вместе с процессом его выращивания. Даже, наоборот, стал доступнее, так как есть техника и технологии – значительно сокращающие трудозатраты на его производство.

Ан нет! Оказывается. Он стал в 200 раз ценнее. Претерпев удивительную метаморфозу превращения камешка угля в сияющий гранями бриллиант! Из него можно делать красочные украшения и демонстрировать окружающим, ведь именно такую цену мы готовы за него заплатить, чтобы его заполучить.

Дьявол. Дьявол, своими кознями вводит нас в заблуждение!

Это – всё тот же самый картофель! Очнитесь!

Ату его! Изыди – окаянный! Во имя сына, отца и святого…

Каким же способом? Как?

Как избавиться от дьявольской пелены на глазах, чёртовой пустоты в головах, сатанинской ереси в магазинах?

Есть ли решение? Существует ли выход из этой ситуации? Или так и будем продолжать молиться своим Богам (капиталу, деньгам) а жить «во грехе» (т.е. служить Дьяволу – Стоимости)? Продолжая бесконечную гонку внутри колеса за крохами того, что нам необходимо для полноценной жизни. Отдавая свои жизни труду, который созидает лишь всё большую мощь Дьявола (Стоимости) в служении Богам (Капиталу, Прибыли).

Коммунизм! Да. Конечно! Вспомним старика Маркса! Который рассказал нам Заповеди Бога (Капитала), выявил Дьявола (Прибавочная

Стоимость) и обрисовал пути к победе Коммунизма во всём мире.

Теория. Утопия. Розовые мечты. И наивные постулаты для удобных политических игрищ.

Увы. Коммунизм хорош только на бумаге.

От каждого – по возможностям, каждому – по потребностям!

Или нет?

Придётся снова отрешиться от реальности и представить себе, что Дьявол (огромная Стоимость всего произведённого в мире) – представляет собой лишь Информацию. Которая в силу своей броуновской природы не может прекратить движение, а ударяясь каждый раз о нового Потребителя – только увеличивается в объёме. Принося всё новые и новые жертвы на алтарь Бога (Денег, Капитала).

Но есть же уже инструменты! Есть механизмы по обузданию этой Информации!

Есть!

Например, ярчайший представитель Нового Крестового Похода против Нечисти – Google.

Будем знакомы!

Естественно, что если бы такие инструменты уже существовали в мире, то наиболее шустрые его представители уже этими новыми возможностями воспользовались бы. Но…

Кирпичик к кирпичику. Деревцо к деревцу. Плечо к плечу. Копеечка – рубль бережёт…

Справиться с таким мощным явлением, как всепоглощающая Стоимость и вездесущая власть Капитала…

Это не просто. Это – сложно. Это – поступательный процесс. Стратегия. Цель.

Как уже было сказано, виной всему – раздутая Информация, облечённая в Стоимость. В следствии чего – всё больше растёт пропасть между нашими потребностями и нашими возможностями. Гигантски увеличились возможности. Фантастически возросли потребности.

А их соотношение между собой – полностью вышло из под контроля, в угоду превращения в Капитал. Так же как и с электрическим током. Чем выше разница потенциалов – тем выше напряжение. Чем больше разница между потребностями и возможностями – тем больше Прибыль.

Но, это раньше, мы бродили в потёмках Информации, не ведая – откуда и куда идут караваны с бананами и шелками. Почему картофель с соседнего поля доставляется в наш магазин через Северный Полюс.

Теперь у нас есть Интернет. И есть Google. Где мы можем бесплатно (т.е. – не увеличивая Стоимость) получить любую необходимую информацию.

Снова, не будем вдаваться в подробности. Так как – слишком велика ещё разница в понимании информационных технологий современности среди современников. Кто-то умело этим пользуется, а кого-то умело в этом «пользуют». Предоставим каждому право самому разобраться, не навязывая своих убеждений, свой опыт и навыки.

Но, тем не менее – продолжим рассуждать о способности современных технологий повлиять на существующее мироустройство.

Google обладает гигантским объёмом информации о потребностях и возможностях. Осталось только их соотнести между собой. Устранив пропасть, искусственно созданную между ними. Виртуальную пропасть в реальном мире реально созданных возможностей и реально существующих потребностей.

Но это уже существует и действует! Скажут специалисты.

И будут правы. Поскольку, действительно, продавцы находят своих покупателей, а покупатели – находят необходимые им товары и услуги.

Правда, всё это происходит с именно тем балластом, грузом Стоимости, оковами Капитала. Раздутыми условиями заключения сделки до практически невозможных для подавляющего большинства населения.

400 миллионов пользователей в день. 100 миллионов наименований товаров и услуг. Миллиардный товарооборот…

Да. Но…

Все прячутся за маской Дьявола (Стоимости), прикрываясь иконой Бога (Капитал).

Где – Иван Петров, который вырастил картошку на соседнем поле?

Где – Пётр Иванов, который хочет покушать картошку с соседнего поля?

Нету.

Натуральный обмен в информационном обществе до сих пор невозможен, хотя информация, и сама возможность этого уже существует.

Есть механизмы, которые позволят получать товары и услуги без неимоверных и абсолютно ничем не оправданных наценок, без необходимости создавать избыточный Капитал для получения необходимых товаров и услуг. Есть!

Нужно только немного подправить. Нужно только немного доработать. Нужно только чуть-чуть продвинуться дальше в уже происходящих процессах.

И тогда возникнет новая форма общественного строя. Не – капиталистическая. А – информационная.

Но об этом – уже в следующей статье…

Как победить капитализм?

Да не услышат меня поборники коммунизма, вспомнив свои мечты о бесклассовом обществе и равноправии!

Да удивятся сторонники власти капитала над умами и душами всего мира!

Никаких революций и новых идеологий! Ибо…

Любая борьба – это игра. А в любой игре есть проигравший!

Только – естественный ход истории экономических мутаций. И только – присущий человеческой природе инстинкт самосовершенствования. И никаких – новых открытий для получения всего и вся даром. И бесконечные возможности для развития.

Итак…

Натуральный обмен, рабовладельчество, феодализм, капитализм – вот она, история развития взаимоотношений потребности и возможности.

С совершенствованием орудий труда и средств производства – меняется также и основа распределения. Понятие собственности эволюционирует и распространяется от необходимого для личного потребления до обеспечения эффективного распространения произведённых средствами производства ценностей.

Тем самым – обеспечивая себе не только большую эффективность, но и новые формы взаимодействия с потребителями этих ценностей.

Поскольку каждый живущий на этой планете участвует как в процессе производства чего-либо, так и в процессе потребления чего-либо соответствующего.

Обеспечивая себе определённый статус в балансировке между этими двумя крайностями – Производством (имеется в виду как конкретное производство ценностей, так и сервис по их обслуживанию) и Потреблением.

И по мере развития информационного общества, постепенно стираются грани между значимостью, важностью, причинами, целями, сложностью и приоритетностью этих двух составляющих единого процесса обеспечения существования человека. Между Потребностью и Возможностью.

Но нужно ещё кое-что уточнить!

Стирание этих граней не происходит явно. Наоборот. Визуально, экономически, социально – происходит выпячивание приоритетов одного над другим. При помощи различных инструментов обеспечения и доказательства своего статуса. При помощи – собственности, капитала, умения, известности, популярности и денег, естественно...

Происходит перекос в ощущении непрекословной важности процесса производства над процессом потребления. Так как – именно процесс производства служит рычагом в развитии экономики. Но нельзя забывать, что является стимулом! Потребление.

Поэтому – и возможно такое стирание этих граней в развитом открытом информационном обществе! Что, обе эти ипостаси экономики, да и самих основ человеческой жизни, являются всего-лишь разными сторонами одной медали. И не могут существовать одна без другой.

Поэтому, переходим к описанию новых возможностей, которые открываются в мире открытого информационного общества для увеличения эффективности взаимодействия Производства и Потребления между собой, для полноценного использования их обоих, на благо человека, а не на раздутые статусы, банковские счета, капиталы, заслуги, преимущества и права.

Начнём.

Гуугл – как одна из моделей системы открытого информационного общества.

Многие наверняка смотрели фильм «Каприка», где девочка Зоя, собрав социальную информацию о самой себе, в объёме всего-лишь 120 мегабайт, что стало достаточным, создала в виртуальном мире свой Аватар. Конечно, после фильма «Аватар» - тоже нет необходимости объяснять суть этого понятия. Хвала прогрессивным киномастерам!

Так вот. Этот аватар девочки Зои, в виртуальном мире обрёл способность вести вполне разумную жизнь.

Не без налёта фантастичности, естественно, но отделим зёрна от плевел и продолжим свои изыскания…

Всего 120 мегабайт социальной информации о человеке могут позволить создать практически идентичный, этому человеку, образ его социальной жизни.

А сколько же необходимо мегабайт, чтобы создать образ на уровне – Производство-Потребление?

Ещё раз, остановимся на сути этого образа – Производство-Потребление.

Каждый человек что-то производит. Один – стоит у станка, другой – сидит у компьютера, третий – улыбается клиентам в ресторане, четвёртый – воспитывает детей дома, пятый…

И так далее, и тому подобное…

А уж потребляет, то уж каждый, это уж точно!

Так вот.

Информационный слепок этой деятельности каждого. Вернее – два оттиска. Один – как информационный оттиск деятельности человека в сфере Производства (товаров, услуг, ценностей, - всего…), и второй информационный оттиск деятельности каждого человека в сфере его Потребления (товаров, услуг, ценностей, - всего…).

Улавливаете – связующую нить?

Два образа одного и того же человека, при их анализе и соответствующем представлении – могут представлять собой, определённый экономический Аватар этого человека.

А образы каждого конкретного человека, сведённые в общую информационную картину, по всему человечеству - могут дать эффективный инструмент соотношения всего Производства и всего Потребления в мире.

Фантастика? Утопия?

Отнюдь.

Объём такой информации – значительно меньше цифры в 120 мегабайт по каждому человеку. А Гуугл уже сейчас предоставляет каждому по гигабайту на создание такого своего образа в сети.

Вся сложность в адаптации этой информационной системы в реальный мир.

Но и тут – тоже уже есть достижения. Есть методики, механизмы, стратегии и наработки.

Есть движение!

Но об этом…

Уже в продолжении.

Дабы не утомлять и не навязывать…

Цифровая крепость.

Прочитал книгу «Нетократия», господ Зодерквиста и Барда, в которой они небездоказательно утверждают (рассуждая в далёком 2000 году), что в ближайшие (от 2000 года) годы, человечество низвергнется в пропасть Нетократии – Власти Сети.

Довольно много философских рассуждений, созданных теорий и методик их доказательства, говорят лишь об одном: - Человечество сожрёт Новая Чума! Под названием – Сеть!

В каждой главе утверждая, что они смотрят на проблему не с точки зрения текущих мировоззрений, а откуда-то из будущего, руководствуясь только им одним доступными схемами понимания текущих процессов. И тем не менее, в качестве доказательств своей правоты – постоянно приводят компетентное мнение теоретиков Демократии, Капитализма, Христианства…

Т.е. – всё-таки, опираются на текущую модель мира и существующие критерии оценки событий.

В большинстве своём – не могу не согласиться с описанием широты распространения информационных технологий и их влиянием на нашу жизнь. Что есть – то есть. А спустя 10 лет после выхода этой книги, могу ещё и заметить, что темпы увеличиваются практически с каждым днём.

Но вот с чем, никак не могу согласиться, так это с тем, что растущая информированность, увеличивающие объёмы информации в мире, и каналы её циркуляции между умами людей, влекут человечество к погибели.

Вот с этим – никак не могу согласиться!

Они (Зодерквист и Бард) утверждают, что информационные технологии ведут к ещё большему размежеванию малой группки «профи» и остального быдла - «лузеров и юзеров». Что информационная власть концентрируется в одних (условно) руках и будет служить не только новым Капиталом Новой Эры Пост-Капитализма, но и причиной грядущих гражданских войн, и даже природных Катаклизмов!

Но как они могут не замечать очевидную глупость таких утверждений?!

Возьмём в качестве примера эту самую книгу «Нетократия» (Зодерквиста и Барда).

Допустим, что в 2000 году они не стали бы печатать своё устрашающее открытие в виде бумажной книги, и не продавали бы её как сенсационные результаты исследований двух шведских учёных (основателей крупнейшей звукозаписывающей компании и ведущего политического журнала, и ещё много чего…). Тем самым – претворяя в жизнь свой трагический прогноз. Оставляя власть над информацией (находящейся в этой книге) в руках малой группки просвещённых, и предлагая остальным – покупать результаты своей деятельности по созданию этой информации.

А разместили бы свои исследования для бесплатного обсуждения и изучения в той самой «зловещей Сети». Где бы эта информация стала доступна многим и уже имела бы свою ценность не потому, что она «продаётся» по такой цене и разрекламирована соответствующим образом, а потому, как её оценят люди.

Тем самым, те – кто может попытаться использовать эту информацию во вред другим, были бы информированы о такой возможности, но и те – другие, тоже были бы информированы о создавшейся ситуации.

А в результате – конфликта бы и не было бы…

В этом то и вся прелесть открытой информации в общем доступе!

Её нельзя использовать ни в чьей-то идеологии, ни в религии, ни в политике, ни для увеличения капитала, ни для разжигания национальной розни…

Только – для информирования!

Хочешь – пользуйся! Не хочешь – вставай в колонну движущихся к водопою!

Или – другой пример.

Картофель – на поле Ивана Петрова. И Иван Петров сообщает, что готов продать этот картофель за цену, которая уже включает в себя все затраты на его выращивание, сбор, сертификацию, упаковку и всё, что Иван Петров сочтёт нужным получить за свой труд. И об этом обо всём он тоже сообщает.

И тут же – становится доступной информация о стоимости доставки картофеля Ивана

Петрова к Петру Иванову, со всеми необходимыми сборами на таможню, усушку, утруску…

То почему Пётр Иванов, вдруг выберет для покупки какой-то другой картофель? Если его устраивает цена, сорт и он уже знает как будет использовать этот картофель.

Никто ему не сможет «объяснить», что для его здоровья «полезнее» картофель в три раза дороже, если приведёт ему полную информацию о особенностях этого картофеля, и предоставит ему возможность самому решать.

Никто не сможет «убедить» его в том, что картофель вреден для его почек, если не предоставит полную информацию об этом процессе.

Никто не будет в проигрыше. Все буду в выигрыше!

Никакой игры в «самого умного» и «самого тупого»!

Никаких процентов по кредитам, никаких долгов и никакой зависти к «золотому картофелю» соседа, если доступна вся информация!

Не может быть всех «прелестей» капитализма в преимуществах богатых над бедными, если и тем и другим – доступна полная информация о сути их противоречий.

Пост-Капитализм.

Современная экономическая наука трактует любую экономическую систему как основанную на отношениях со средствами производства.

Например:

- Капитализм – это система отношений, со средствами производства основанная на частной собственности. Средствами производства в данном случае подразумевается – Капитал.

- Феодализм - это система отношений, со средствами производства основанная на феодальной собственности. Средствами производства в данном случае подразумевается – Право Феодала.

- Социализм - это система отношений, со средствами производства основанная на общественной собственности. Средствами производства в данном случае подразумевается – Общественный труд.

В процессе текущего кризиса, всё больше и больше взглядов учёных и экономистов направляются в поисках новой экономической системы. Пост-капитализма.

Но, так как, капитализм сегодня проник во все сферы нашей жизни и является, так или иначе гарантом стабильности в мире, то большинство энтузиастов новой экономической системы не может себе представить иную динамику развития, кроме как основанных именно на отношении к средствам производства.

А именно (по данным Википедии):

Социалистическая экономика , экономическая система, основанная на государственной или общественной собственности на средства производства, обычно в сочетании с рациональной экономического планирования в качестве средства распределения ресурсов, по крайней мере на средства производства.

Совместная экономика , экономическая система, основанная на рабочий кооператив . Связанные такие идеи взаимности и гильдии социализма.

Экономика участия , экономической системы, которая использует участия в принятии решений , как экономический механизм для регулирования распределения ресурсов и потребления в данном обществе.

Экономическая демократия , социально-экономическая философия , которая сохраняет рыночную экономику , но и устанавливает демократический контроль в отношении фирм, их работников и социальный контроль инвестиций по сети государственных банков.

После дефицитный анархизм , экономической системы, основанной на социальной экологии , освободительном муниципалитизме и изобилия из основных ресурсов.

Двоичная экономика , экономической системы, которая поддерживает как частную собственность и свободный рынок , и предлагает значительные реформы в банковской системе.

Технократия , правительственные или организационной системы, при которой лица, принимающие решения выбраны на основе того, насколько сильно они знают, а не на сколько большой политический капитал, которые они имеют.

Дистрибутизм , система поощрения основанная на максимально широком распространении средств производства, таким образом, чтобы как можно больше людей могут стать предпринимателями. Малые предприятия, которые поддерживают одну семью, ценятся более высоко, чем крупные корпорации и крупные правительственной бюрократии.

Коммунизм , гипотетический форма, в которой производство будет организовано на принципе индексации за счет эксплуатации, а также распределении по принципу "каждому по потребности". Коммунизм предполагает отмену работы в качестве отдельной сферы жизни, как одной из причин для выживания; материальных средств к существованию, таким образом, можно сказать, которая состоится в "общего".

Экономика, основанная на ресурсах

Форма прямой демократии , где все люди будут иметь возможность голосовать по каждому крупному вопросу и тем самым непосредственно участвовать в процессе принятия решений. Будет достигнут консенсус по типу гарантированного большинства. Теоретически такая система вполне вероятна, с использованием современных технологий.

Но…

Одно огромное НО!

Все эти системы основаны на отношении к средствам производства!

Существует ещё и Нетократия, изобретённая русскими-шведами, господами Бард , А., Зондерквист, Я. В 2001 году.

Нетократия представляет собой новую форма управления обществом, в рамках которой основной ценностью являются не материальные предметы (деньги, недвижимость и т.д.), а информация.

Прекрасная теория! Очень современная и основанная на самых последних тенденциях развития экономики.

Выводы у этой теории, конечно, очень неожиданные. Что, мол, нетократия приведёт мир к полному апокалипсу.

А господин Гильбо (Гильбо Е. Цикл «Нетократия». Часть I «Форма склоки».) даже заявляет, что:

Сегодня наиболее прибыльными стали бизнесы, связанные не с производством, а с постиндустриальной деятельностью. Сегодня на смену борьбе за рынки сбыта и производственные ресурсы, контроль которых был основой власти в индустриальном обществе, пришла борьба за каналы информации, за построение социальных сетей, которые являются основой прибыльного постиндустриального бизнеса. Создатели и обладатели этих неустойчивых нематериальных активов — нетократы —

становятся правящим классом в той мере, в какой общество все более и более становится постиндустриальным.

Власть постепенно утекает из рук обладателей материальных капиталов и переходит к кураторам социально-информационных сетей.

В разных странах этот процесс сегодня на разной стадии. В наиболее продвинутых в направлении постиндустриализма странах типа США и некоторых стран Европы уже достигнута, а то и пройдена точка равновесия в распределении властных ресурсов. В странах третьего мира для власти внутри страны обладание материальными ресурсами еще очень важно, но сама эта власть уже очень слаба перед мощью ресурсов нетократического вмешательства извне…

Конечно, уровень классового самосознания нового правящего класса пока что близок к нулю, в силу чего нетократы не покушаются пока на форму политической структуры стран постиндустриального ядра, хотя и оказывают на нее мощнейшее частно-лоббистское воздействие. По сути, официальные органы власти все больше превращаются в декорацию и инструмент проведения интересов частных групп и сетей.

Процесс постепенной смены правящего класса называется в социологии социальной революцией, в противовес революции политической, когда меняется лишь политическое устройство. Сумма технологий постиндустриального общества, прочно вошедшая в нашу жизнь в последние двадцать лет, принесла с собой новые социальные отношения и новый правящий класс, который складывается из тех, кто в наибольшей степени способен в рамках этих отношений концентрировать или производить и удерживать ресурсы, существенные для власти в новом обществе.

Далее Гильбо делает серьезно обоснованный вывод, что в ряде стран, и в частности в России, новая социальная революция, скорее всего, приобретет характер короткой и жестокой политической революции, что заставляет подойти к рассмотрению темы нетократии уже с иных позиций. В свете подобной перспективы становится совершенно недостаточным неторопливое академическое исследование. Необходимо применить другие методы, более четко ориентированные на выявление практически значимых признаков нетократии.

И всё бы хорошо, но, нетократия – это всего-лишь модель политической системы, форма управления обществом. А чтобы представить себе экономическую систему такого общества, необходимо дать возможность основе нетократии – информации, почувствовать себя в качестве основного средства производства. И проявить себя в этом качестве.

Что, примерно и происходит в современном высокотехнологическом мире.

Каким же образом информация может стать основным средством производства?

Да очень просто!

Она уже и так является основным средством производства в современном мире!

Чем, по сути, является сегодня Капитал? Информацией о состоянии банковского счёта, стоимости акций, величине активов…

А все текущие экономические процессы? Функционирование рынка?

Информацией и ещё раз – информацией!

Получается, что мир, сам того не замечая перешёл от зависимости на Капитале, к зависимости на Информации?

Точно! Так оно и есть!

Но, уважаемые теоретики и учёные отталкиваются от одной ошибочной основы.

Что экономическая система зависит от отношения к средствам производства. И пытаются сопоставить несопоставимое.

Придумать форму собственности на информацию. Соорудить отношения к информации, как к основному средству производства.

Создать экономическую систему, в которой кто-то (или что-то) будет владеть информацией (основным средством производства) и распределять блага, полученные при помощи информации среди людей, участвующих в процессе производства этой самой информации и всего производимого в мире.

Абсурд!

Как только будет найден способ обойтись без увязывания средств производства (информации) с формами собственности на неё, так сразу и без всяких социальных и политических революций произойдёт переход к пост-капиталистическим формам ведения экономики и организации управления государствами.

Информация не может принадлежать кому-то конкретно. Автором – может быть конкретный человек, группа людей, сообщество. Также как и производителем любого до-информационного орудия производства является конкретный человек: Иван Петров сделал топор, которым он рубит деревья.

Но если в социалистической экономической системе этот топор должен принадлежать обществу, а в капиталистическом – капиталисту с его капиталом, то в информационном обществе, информация об этом топоре не может принадлежать никому. Она – общая, свободная и общедоступная.

Стоит только определиться с принципами существования и функционирования новых отношений со средствами производства (информацией) и тогда сами собой возникнут законы существования социально-политических систем (различные –измы и – кратии), экономических систем производства и распределения.

И появятся шансы без веры в утопический коммунизм избежать фатального загнивания капитализма и построить современное информационное общество с прекрасными возможностями для реализации собственных возможностей каждого и эффективного распределения среди существующих потребностей созданных товаров и услуг.

Искусственный спрос

Почему всё так дорого?

Большинство учёных-экономистов приходят к выводу, что столь высокие цены на практически все имеющиеся в нашем распоряжении товары и услуги обусловлены сокращением природных ресурсов, что как следствие ведёт к удорожанию «оставшихся» ресурсов для производства.

И, разумеется, наличие огромной массы денежных средств, которыми располагают потребители в своём стремлении заполучить желаемое, также провоцируют всё увеличивать и увеличивать цены.

Но…

Позволим себе усомниться.

(Artificial demand) - Искусственный спрос представляет собой спрос на то, что в отсутствие воздействия механизмов формирования спроса, не будет существовать. Аналоги применения в микроэкономике (накачка и сброс стратегии) и реклама . Синонимы для "искусственного спроса" включает "поддельные спрос" и "ложные потребности".

Механизмы создания искусственного спроса могут включать в себя средства массовой информации и рекламы, которые могут создать спрос на товары , услуги , политический курс или платформы, а также интересы конкретных людей.

Другим примером искусственного спроса может быть спам. Спамер пытается создать искусственный спрос путем осуществления спама основе партизанских стратегия маркетинга.

Это всё, что сообщают нам открытые источники информации об этом понятии.

Так как – механизм создания искусственного спроса лежит в самой основе капитализма и создания прибавочной стоимости.

Любой капитал только тогда будет эффективно применён, когда будет обеспечена его оборачиваемость, т.е. – предложение будет обеспечено спросом. Но, предложение на рынке руководствуется своими приоритетами, а спрос – должен так или иначе ему соответствовать.

И этот процесс нельзя было контролировать, пока кто-то не изобрёл механизм создания искусственного спроса.

Тогда – всё встало на свои места. Производи – всё что тебе заблагорассудится, руководствуясь своими маркетинговыми исследованиями, а если где-то и произойдёт ошибка в расчётах, из-за того, что какой-то крестьянин вдруг решил не покупать новую модель сенокосилки, то всегда можно создав искусственный спрос – «объяснить» ему, что он «на самом деле» очень хочет эту новую модель сенокосилки...

С другой стороны – само понятие спрос, означает величину, которую потребитель может заплатить, чтобы получить желаемое.

С экономической точки зрения спрос является тем, что люди готовы платить, чтобы получить (или избавиться от) конкретного хорошего (плохого) товара или услуги (ущерб).

Вся проблема в том, что желаемое – является очень объёмным критерием в нашем мире вездесущей рекламы.

Почему-то маркетологи всех мастей и цветов, вдруг решили, что потребителю нужна помощь, в том, чтобы понять – а что он всё-таки желает.

И они считают эту свою услугу – огромным достижением современного информационного мира. Как стало просто и удобно поставлять потребителю информацию о том, что он действительно желает.

Но, вспомним времена, когда ещё не было рекламы. Хотя, реклама, как и проституция, наверное, были всегда. Когда первобытный человек показывал своему соседу, каким наконечником стрелы он пользуется для охоты на животных, то он уже рекламировал свои достижения.

Вот! Рекламировал свои достижения! Ключевые слова!

Не рекламировал – что может пожелать потребитель, а рекламировал – свои достижения.

Вероятно, что суть рекламы с течением веков изменилась и приобрела довольно странные формы.

Представим себе на мгновение, что реклама полностью исчезла из нашего мира. Никто не сообщает тебе, что ты действительно желаешь, и никто не сообщает другим людям о своих достижениях.

Как же тогда, бедные людишки будут понимать, что же им нужно?

Вымрут от голода и холода?

Наверное, кто-то когда-то уже проводил такой эксперимент на динозаврах. Вот поэтому-то они наверное и вымерли!

Но, человек разумный, наверняка найдёт выход из такой сложной ситуации, когда нужно решить что же ему хочется, и сумеет себя заставить выбрать именно то, чего он желает.

Тем более, в современном информационном обществе, где информация обо всём производимом в мире находится в свободном доступе. Нужно только набрать в строке для поиска...

И...

Не забудьте, что у нас нет рекламы, а есть только сухая информация обо всём произведённом в мире.

Конечно же, человеку будет трудно, с непривычки, разобраться самому в великом множестве вариантов и возможностей.

Но есть определённое мнение у учёных-антропологов, что со своими естественными потребностями и всем что ему необходимо для жизни – человек способен справиться, при любом количестве вариантов выбора уже несколько тысяч лет.

Сможет и сейчас.

А если засомневается, то всегда сможет найти ответ на свои сомнения. Но сам! В своих собственных сомнениях! В своих собственных желаниях! САМ!!!

Мы не призываем отказаться от рекламы. Это утопия, в мире, где правит реклама.

Мы лишь пытаемся понять, почему те, кто хочет что-то нам продать, создают искусственный спрос. Убеждая нас, навязывая нам, гипнотизируя нас, в том, что очередной товар или услуга – на самом деле удовлетворят наши потребности, о которых мы ещё даже не подозреваем.

А ведь они уже потратили кучу денег, времени и труда, на то чтобы создать свой продукт качественным, выстроить логистику его доставки к нам, обеспечить сервис…

И на всё это уже получили инвестиции. В той или иной форме. Которые рано или поздно придётся отдавать.

И тогда – снова, запустится следующее колесо рекламы и создания нового витка искусственного спроса.

Ещё несколько миллионов поверят, что им действительно необходим новый мобильный телефон, взамен купленного 2 месяца назад…

И снова, и снова, и снова…

Они сами себя загнали в белочье колесо, по которому несутся с такой скоростью, что вот-вот не выдержат крепления, и покатится колесо по бескрайним просторам рынка…

А мы, потребители – это дорожка у них под ногами, мы тоже движемся с такой же скоростью. Но…

В обратную сторону. В сторону, когда наши, навязанные нам потребности, сломают всю конструкцию экономики.

Только, колесо покатится дальше, а наша дорожка останется тут, у разломанной конструкции…

Пострадают не те, кто старался и работал, для создания всё более и более совершенных способов обнаружения и удовлетворения безмерно растущих потребностей. А те, кто поверил, что это действительно – их потребности.

Но пока этого не произойдёт (если произойдёт), то с каждым оборотом колеса создания искусственного спроса (процессу, когда мы поверили рекламе, а не нашли сами, то что нам нужно), с каждым оборотом этого колеса, будет увеличиваться цена на всё что нас окружает. На хлеб, на воду, на Ламборджини…

Поэтому – так всё дорого. Производится и продаётся намного больше, чем на самом деле мы желаем. Но всё это нужно продавать. Рекламировать и продавать. Через искусственный спрос, через формирование наших потребностей, через наши мысли и чувства.

Но есть ли шанс остановить этот безумный бег за фантомом искусственного спроса?

Есть. И он очень простой!

Не нужно революционно ломать экономические устои мира. Нужно только немного довериться себе.

И начать самому искать и находить то, что вы желаете.

Не доверяться профессиональному зомбированию и высокоэффективным «разводам». А довериться своим чувствам, инстинктам и желаниям.

Тем более, что сейчас уже, нужно только набрать в строке поиска…

Поймай Лоха!

«Поймай Лоха» - Как лозунг и основной элемент современного бизнеса!

Разумеется, что не все и не везде руководствуются такими установками в своём поведении на рынке. Но, практически каждый – воспользуется такой возможностью, если только представится случай и позволит уровень потребителя.

Зачем же напрягаться, изучать реальный спрос, потребности, решать проблемы больших затрат на разработку товаров и услуг, их доставку потребителю, послепродажный сервис и гарантийные обязательства, если можно просто крикнуть с телеэкрана – Эй, Лохи, налетай. Подешевело!

Нет никакой нужды в исследованиях по усовершенствованию логистики или поиску средств удовлетворения реально существующих потребностей, когда всегда можно найти пару-тройку миллионов новых

Лохов и «осчастливить» их своими благодеяниями!

Практически все сферы производства, услуг сегодня нацелены именно на такой, лёгкий способ создания прибыли. С минимумом затрат и с максимумом эффективности.

Зачем создавать нефтеперерабатывающие предприятия и мучиться с разделением на фракции, если можно просто гнать сырую нефть лохам, которые не имеют своей нефти?

Зачем мучиться и создавать условия для полноценной жизни населения, если можно просто «вдохновить» их идеей зарабатывания денег и получать с них налоги, взятки.

Зачем напрягаться и выращивать хлеб, когда можно купить его по-дешёвке у Лохов из малоразвитых стран и продать Лохам в своей стране?

Поймай Лоха!
Вот стимул современной экономики!

Возможно, что в реальном мире – эти процессы происходят всё более и более затруднительно. Народ стал умнеть «прямо на глазах». Хотя…

Если постараться, то всё-равно можно найти ещё много Лохов и в реальном мире. В любом случае – это обойдётся дешевле, чем создать что-то действительно необходимое людям.

А в виртуальном пространстве, в Интернете – эта тема воистину получила вселенское распространение и почитание.

Ведь каждый божий день в Интернет приходят сотни тысяч новоявленных Лохов! Вот где поле…

В стране дураков!

Лохов в Интернете – даже не нужно искать. Они сами приползут на твой сайт, рано или поздно. Сделай им только более-менее яркую наживку…

Потому что Лох в Интернете, скованный страхом перед опасностями (вирусами, хакерами, воровством персоналий) будет уныло брести на яркую бумажку, приколотую на Ловушке для Лохов!

А на завтра – всё повторится снова! Новая партия Лохов, и новый триумф от их поимки!

Успевай только откручиваться от предыдущих, оболванивать текущих и готовиться к следующим!

Рай – для современного бизнеса в Интернете!

Прогресс – основанный на Знании! Да здравствует вездесущий Лох!

Есть ли хоть какой-то шанс не быть Лохом в мире, где всё построено на стремлении сделать тебя Лохом?

Существуют ли способы избежать обаяния и убаюкивания «дарующих манну небесную» и не заглатывать вместе с наживкой крючки, за которые специалисты по массовому лохотронству будут дёргать при любой необходимости?

Как выйти из состояния пассивного Лоха и стать активным строителем своей собственной жизни?

Есть ли ответы?

Если возьмёмся советовать что-то в этой области, то можно встать на путь создания нового Лохотрона. Так как любой совет – приведёт к применению лёгких путей, т.е. – путей уже созданных, и вполне возможно – что тоже, кем-то спроектированных для поимки очередного Лоха.

Можно только поделиться собственным опытом.

Частенько ощущая себя в состоянии Лоха, которому опять «втюхали» что-то совершенно не нужное, но удивительно «необходимое», стал искать пути обезопасить себя от этой всё покрывающей сети, накинутой на мир, в целях поимки Лохов.

И это было нелегко. Это было трудно. Найти информацию. Получить знания. Разобраться в ситуации. В ценах, в условиях, в преимуществах и недостатках…

Но это – возможно! Сейчас – это стало реальнее, чем никогда ранее.

Есть Интернет. Есть мощные поисковые системы. Которые не требуют особых трудозатрат чтобы получить множество информации о требуемом и отсеять ловушки для Лохов.

Конечно. Самомнение растёт с каждым удачным «срывом» с крючка лохотронщиков!

Но не нужно обольщаться. Они тоже развиваются. И они также ищут всё новые и новые пути в - Поиске Лохов.

Нужно быть всегда начеку!

И если уж не удаётся полностью избежать их ловушек, то хотя бы не давать им шанса развиваться.

Возможно, что со временем, они всё-таки устанут предпринимать всё новые и новые попытки в поиске лёгких путей наживы, а займутся чем-то более продуктивным. Хотя бы – из стремления к тому, чтобы их дети или внуки, когда-нибудь не устроили облаву на них, как на новоявленных Лохов в новом мире под названием: Поймай Лоха!

Бесплатные деньги.

Бесплатный – только сыр в мышеловке!
Деньги – даром не даются!

Скажет практически каждый, кто прочитал
этот заголовок. И будут правы. Но – не до
конца.

Бесплатный – означает «без платы». Т.е. – без
оплаты чем-либо. Без оплаты деньгами, трудом
или иными ценностями. Хотя, чаще всё-таки –
деньгами...

А в нашем современном мире, где практически
всё пересчитывается на деньги, можно сказать,
что Бесплатно – это значит Без Денег.

Сначала вспомним историю.

Впервые, понятие свободных (бесплатных)
денег ввёл в оборот немецкий учёный-
экономист Йохан Сильвио Гезелль в своей
работе «Реформа монетного дела как путь к
социальному государству», в 1891 году.

Немного в видоизменённой форме теория
Гезелля была применена в 1938 году в
австрийском городке Вёргль, в котором
проводился локальный эксперимент по по
введению и обращению беспроцентных денег.

Но даже в такой форме, этот эксперимент
снизил за год безработицу на 12%, и поднял
производительность труда в 500 раз.
Эксперимент пытались расширить на всю

Австрию, но Национальный Банк из за угрозы своей монополии, запретил проведение подобных экспериментов.

Также, в Швейцарии, в 1934 году был основан — швейцарский WIR (нем. Wirtschaftsring-Genossenschaft, Кооператив экономического круга), насчитывающий 62 тысячи участников и обеспечивающий ежегодный оборот в эквиваленте 1 млрд 650 млн швейцарских франков. В 1952 году его тоже аккуратно «перевели на другие рельсы».

Гезелль и его последователи не разрабатывали экономические модели для получения бесплатных денег. Для денег – свободных от кредитных процентов. И только.

Гезелль полагал, что «естественный экономический порядок», обеспечивающий обращение денег — это порядок, при котором деньги становятся платной государственной услугой, так называемые «деньги с отрицательным процентом», когда текущие владельцы денег обязаны регулярно передавать государству некоторую небольшую сумму, как плату за право пользоваться деньгами государственной эмиссии.

Утопия? Возможно. Недаром же его выбрали в Совет народных депутатов Баварской советской республики.

Тоже – признали его идеи коммунистическими.

И тем не менее, совсем небольшое высвобождение денег из под давления груза платежей даже за сами деньги – приводит к фантастическим результатам.

Но нас интересует немного другой аспект.

Как могут Деньги доставаться бесплатно? Ведь они являются мерилом и оценкой нашего труда. Нашего вклада в общий процесс производства товаров, оказания услуг и создания ценностей.

Нет вклада – нет Денег!

Каждый труд – должен оплачиваться! Бесплатно трудиться – только время тратить!

Ведь деньги нам нужны для того, чтобы удовлетворять свои потребности. Для того, чтобы покупать все необходимые нам вещи, чтобы обеспечивать себе необходимые условия жизни и решать возникающие проблемы. И ещё – много для чего другого.

Деньги - являются мерилом наших возможностей. Сумел заработать Денег – получаешь то, чего пожелаешь. Не сумел – довольствуешься тем, что имеешь.

Основной принцип современных экономических и государственных систем!

Википедиа говорит: Деньги — специфический товар (вещь), который является универсальным эквивалентом стоимости других товаров или услуг.

Не будем вдаваться в подробности изучения отличий экзогенных и эндогенных денег, а также разбираться с их долговой природой. Это всё скучно. Оставим это экономистам.

Другое интересно!

Как же научиться получать Деньги бесплатно? Чтобы не платить ничем за их появление в кошельке. Чтобы не приходилось ничего вкладывать, отдавать, а всегда только – получать и получать. И тратить. И тратить.

Кстати. Ели бы не было необходимости тратить деньги, т.е. – если бы экономическая система мира не требовала бы за результаты своей деятельности, эти самые «фантики» и «нолики с единичками» на счетах в банках, то не было бы нужды их тратить в этой же самой экономической системе. И, как следствие – их (Деньги) и получать. Ни бесплатным способом, ни – платным. Никаким!

Но это, по крайней мере – сегодня, выглядит утопией. Мир без Денег. Мир – без экономической системы, нацеленной на создание Денег. Мир – без необходимости получать Деньги, чтобы тратить их на приобретение возможности жить.

Ведь текущая экономически-государственная модель общества, именуемая Капитализмом, является двигателем прогресса. Она стимулирует человечество двигаться в своём развитии. Придумывать и претворять в жизнь всё лучшие и лучшие способы получения Денег. Создавая, по ходу своего победоносного движения – открытия в сферах техники, психологии, философии, науки и искусства. Во всех – сферах жизнедеятельности человека.

Получение Денег – является основной задачей человечества, успешно претворяемой в жизнь последние 2000 лет.

И всё бы ничего, если бы в последнее десятилетие не стала скапливаться в мире, масса бесплатных Денег. Денег – которые получены бесплатно. И, которые также поступают в оборот, и позволяют их владельцам тратить эти бесплатные Деньги, наравне с другими – полученными в результате труда, Деньгами. И эта масса – начала преобладать над массой Денег, которая – платная. За которую заплачено собственным трудом или усилиями, или здоровьем, или ещё чем-то...

И получается, что человечество начинает всё больше и больше – работать впустую. Если масса бесплатных денег в мире уже превышает массу денег, созданных трудом человечества. Мы начинаем производить товары на инвестициях бесплатных денег, которые – по своей сути должны быть тоже бесплатными, но продаём их совсем не бесплатно, и получаем ещё больше денег.

Бесплатные Деньги начинают эксплуатировать весь мир, так как им необходимо оборачиваться, а иначе – они начнут дешеветь, и потеряют свою способность создавать новые Деньги.

Как это возможно?

И что это за бесплатные Деньги?

Расскажите всем, как их получать бесплатно, чтобы все могли насладиться самыми последними достижениями экономической науки, и могли себе позволить тратить, тратить и тратить…

Придётся рассказывать, чтобы в обществе не наступило перекосов, когда одни – могут себе позволить бесплатно получать Деньги, а другие – не могут.

Нужно раскрыть всем эту страшную тайну!

Чтобы «сделать» бесплатные Деньги, нужно сначала иметь обычные Деньги (полученные в результате труда, или – путём отбора у других, или – путём обмана, или – путём продажи чего-то, получения наследства, и т.п.).

Так уж исторически сложилось, что практически каждый в этом мире – уже причастен к процессу создания этих Денег. Или – как наследник династии банкиров, или – потомок Дона Карлеоне, или – потомственный крестьянин, или представитель весёлого племени торговцев.

И у каждого, в определённый момент, возникает возможность распорядиться этими Деньгами.

А как же – молодые люди, у которых нет ни наследства, ни собственности? Скажут представители этого сообщества. Им что – всем идти в рабство к тем, кто уже имеет капитал?

Разумеется! Стройными колоннами!

Так практически все и делают. И становятся той самой, огромной армией перекупщиков и торговцев, которые на основе бесплатных Денег, создают другие Деньги.

Но есть среди них и исключения.

Которые попадают в рабство не сразу, а только после обучения всем премудростям торговли, и уже только после этого – становятся старшими рабами, а возможно, что и надсмотрщиками над рабами.

Есть. Есть, конечно и небольшая группа отшельников. Которые не хотят быть рабами, а предпочитают развивать свои природные таланты и становятся гениальными представителями современной Культуры, Искусства и Науки. У них – всегда есть возможность перескочить на следующую ступеньку, и стать рабовладельцем, или же – соскочить на низшую ступеньку, и стать нормальным рабом. У них есть выбор!

Но, не большой. Так как бесплатные Деньги достанут и их. Рано или поздно. И заставят всех сделать «правильный» выбор, т.е. такой – который выгоден владельцам бесплатных Денег.

Капитализм. Куда уж тут деваться?

Но, вернёмся к рассказу о способах бесплатного получения Денег.

Напомним о научно описанных и реально существующих способах получения Денег:

- заработать;

- украсть;

- получить в наследство или в подарок;

- получить от продажи чего-то своего;

Итак. У вас есть Деньги. И вы хотите сделать немного бесплатных денег, или – много. Это – уже не важно.

Берёте деньги, нанимаете рабов, чтобы они зарабатывали «себе на жизнь» и ещё немножко – вам, в виде прибыли на вложенный Капитал. И процесс создания бесплатных (для вас) Денег пошёл…

Успевайте только мешки подставлять!

Вариант второй. У вас нет денег. Вы – раб, или потомок честных людей, или – вам нечего продать, или – вы считаете ниже своего достоинства заниматься торговлей.

Как быть в этом случае?

Очень просто. Вам нужно наняться на работу к рабовладельцу, или – стать нечестным человеком, обманом получая деньги, или – продать себя (свои органы, знания, таланты…), или – научиться заниматься торговлей.

Далее, смотри предыдущий вариант (У вас есть Деньги)…

Вариант третий. Вы – талантливы, умны, красивы, молоды, и т.п. И вы знаете – что вы сами по себе уже являетесь ценностью.

В этом случае, существует два под-варианта. Продаться и получить деньги. Или – получать всё необходимое без денег.

И то и другое – имеет вероятность успешного осуществления, примерно как 1:5 000 000.

Но – возможно.

А далее…

См. первый вариант, или – наслаждайся тем, что имеешь (во втором под-варианте).

И. Вариант четвёртый. Вернее – это не вариант для получения бесплатных Денег. А вариант – в котором можно не участвовать в этой суете по соревнованиям «У кого больше бесплатных Денег» или «Создай и потрать ещё больше бесплатных Денег».

Создавайте реальные ценности!

Реальным трудом, реальными знаниями, реальными умениями!

И в современном, информационном мире – делитесь информацией о созданных вами ценностях с остальным миром. Есть – блоги, каталоги, бесплатное создание своих страниц, бесплатные услуги по переводу на другие языки, бесплатные услуги…

Для представления – Ваших достижений!

Только…

Не поддавайтесь на уловки тех, кто уже «запряжен» в телегу везущую бесплатные Деньги на мельницу рынка, и не срывайтесь со своего пути создания реальных ценностей ради получения бесплатных Денег. Которые сделают из вас своих рабов. (См. варианты 1 – 3)

Чем больше будет таких – создателей реальных ценностей, обменивающихся друг с другом информацией о созданных ими ценностях, тем быстрее все эти созданные ценности начнут приносить пользу. Т.е. – по сути, и станут реальными ценностями.

Ведь если, к примеру, вы создали что-то. То это – обязательно кому-то нужно. Вам, прежде всего и кому-то ещё, в этом мире. Нужно только позволить «найтись» …

Успехов!

Как построить Пост-Капитализм в отдельно взятой стране?

Или – в отдельно взятом городе, или – в отдельно взятом мире…

Вообще-то, сначала нужно дать некоторые пояснения, по смыслу терминов, чтобы исключить поливариантность в понимании.

Поскольку – каждый понимает в меру, своих…

Коммунисты, или же – последователи ленинизма, могут представить себе лишь – коммунизм, как что-то, что может наступить после капитализма.

А, сторонники социалистических реформ, могут вообразить себе, что-то напоминающее китайскую экономику, или – якобы шведский «социализм»…

Пост-Капитализм, это – наиболее развитая ступень капитализма, которая становится реальной при ослаблении функции Денег, как мерила ценностей и труда, и всё возрастающей роли Информации (знаний) во всех процессах экономики и общественной жизни.

Эту ступень Капитализма, в своё время (примерно в 1950 году) предсказал выдающийся теоретик и практик капитализма

– Питер Друкер. А также – многие его последователи и независимые деятели современной экономики. (Подробнее, можно почитать в материалах блога Сообщества Пост-Капитализм).

Попытки экспериментировать с экономикой длятся уже давно. В Швейцарии, практически с начала 20 века, в США, в Японии, в Швеции…

В августе прошлого года в Хорватии даже проходила международная конференция по поводу создания первого в мире – Пост-Капиталистического города.

Но…

Представим сегодня ещё один вариант создания такой экономики, по самому оптимальному пути – от каждого к каждому. Без всяких политических или законотворческих инициатив. Без построения идеологии, религии и т.п.

Как вариант. Почему бы и нет?

Итак.

Основой любой экономики (хозяйствования) являются собственность, т.е. – возможности, средства производства и потребление, т.е. – потребности.

Самой примитивной экономикой можно признать срывание банана с пальмы и поедание его. Собственной рукой (средством производства) – совершается процесс производства еды для удовлетворения потребностей организма.

По мере усложнения обоих этих процессов, производства и потребления, развивалась и экономика. И, сегодня, она представляет собой чрезвычайно сложный механизм взаимодействия возможностей и потребностей. Собственности на средства производства и системы распределения.

Уважаемый Герр. Маркс, в своё время – очень точно описал, свойственные тому уровню развития экономики (конец 19 века) механизмы капиталистической экономики.

Частную форму собственности на средства производства и различные системы распределения, от рыночных – до плановых и анархических.

Чем, по сути и пользуются почти все экономики мира. В той или иной мере.

В процессе создания человечеством информационных систем для обеспечения максимально возможной оптимизации процессов производства и потребления, от радио и телеграфа – до компьютерных Сетей (Интернета), некоторые учёные, в частности Сэр Тимоти Джон Бернерс-Ли, его многочисленные соратники, сторонники и альтернативщики, пришли к моделям построения Информационной Сети на базе Семантической Паутины.

Что, позволяет уже сегодня – воспользоваться самыми оптимальными средствами построения экономики и общественной жизни.

Попробуем!

Если у Вас есть какая-то собственность, то можно начать строить свой Пост-Капитилизм!

Поскольку, как бы «вливаться» ещё некуда, то если кто и надумал, то единственный шанс – это начать строить СВОЁ!!!

Почему – собственность? Потому что – без этого, не может быть экономики, хозяйствования, и вообще – ничего...

Есть что-то, что может быть нужно другим, то значит – есть основа для взаимодействия. А если нет...

Наверное, тоже нужно пояснить, что имеется в виду под термином – собственность. Хм. А то, в разных системах – это воспринимается по разному... :))

Собственность – это то, что можно использовать, для получения того, чего тебе не хватает. Такая вот – утрированная формулировка.

Т.е. – это могут быть и собственные руки (как в случае с бананом), и собственные знания (например – полученные от бабушки), и изготовленный своими руками инструмент, произведение искусства…

Если Вы живёте в цивилизованной стране, и копнули на своей земле, и вдруг – там забил фонтан нефти, то и эта нефть – тоже может быть Вашей собственностью.

Или – Ваши предки, 5 веков трудились, передавая из поколения в поколение – результаты своего труда, а Вы – оказались последним наследником, то – всё что Вам передали, тоже может быть Вашей собственностью.

Вариантов – бесчисленное множество…

Если покопаться, то практически каждый – может «найти» у себя некую собственность, используя которую вполне возможно получить именно то – чего не хватает, то – что нужно.

Хотя, возможно, что есть и такие индивидуумы – у которых нет ничего. Ни мозгов, ни «золотых» рук, ни выносливых ног…

Такие – в современном обществе, тоже находят себе применение. Они – продают себя. Идут в политику, или работать в секс-индустрию.

Но, скорее всего – они плохо поискали, а решили воспользоваться тем – что доступнее всего. Конечно, собственность ещё можно и отобрать у другого. Так тоже многие делают…

Но, тут мы говорим не об этом.

Для чего нам нужно, чтобы была собственность? Причина – очень простая. Ведь каждому – что-то нужно из того, чего у него нет. Кому-то – последняя модель Феррари, а кому-то вдохновение и свободное время. В мире – нет ни одного человека, который бы обладал всем, что ему необходимо для жизни. Ну, может, какие-то йоги, в пещерах Тибета…

Но и они – нуждаются в воздухе. Хотя бы…

А чтобы получить то, в чём нуждаешься (и это – относится ко всем), нужно обладать чем-то, что может быть нужно другим (они в этом нуждаются). Своеобразный кругооборот нужности (того – что нужно) в мире. Где-то есть то, что мне нужно, или – кто-то это может сделать, а у меня – есть то, что нужно другому…

Да. По сути – ничего не изменилось, со времён натурального обмена. Единственная разница, что появилось много людей и их потребности стали столь многообразны, а возможности для производства, всего что нужно людям, столь разнообразны и могущественны, что большинство человечества – больше стал занимать сам процесс, чем результат.

А результат, такой же как и при натуральном обмене. Мне нужно нечто, а у меня есть что-то, и мы можем этим обменяться, чтобы у обоих что-то было. Хм. Или – не делать этого, а остаться, каждому – со своим.

Например.

Я умею выпиливать лобзиком. В советские времена, случайно попал на бесплатные курсы при Дворце Пионеров и научился. А лобзик – мне подарили родители на день рождения. В детстве.

Это значит, что у меня есть собственность!

Можно ли на базе такой собственности – построить Пост-Капитализм?

Можно! Начнём!

Открываем сайт Гугла. И Создаём аккаунт прямо сейчас

Что это нам даёт?

Мы уже стали частью единой Информационной Сети. Присоединились к мировому сообществу. В котором уже более 1,5 миллиарда участников, и каждый – пытается (в меру своих способностей и возможностей) построить свой мир.

Кто-то, на основе натурального обмена, кто-то на основе рабовладельческой экономики, кто-то на базе феодального права, а кто-то и на основе капиталистической экономики.

Но всех их объединяет одно – Интернет! Самый главный и самый эффективный механизм функционирования экономической системы, с названием - Пост-Капитализм!!!

Для кого-то – он становится лишь коммуникационным средством без которого невозможно оптимальное производство, для кого-то – средством общения и рекламы собственных возможностей, для кого-то – эффективным рабочим офисом, а для остального большинства – эффективной системой распределения. Благ, возможностей, способностей, услуг и товаров, мнений и экспертных оценок, знаний и навыков, информации для создания новой собственности и т.п.

Что же делать дальше?

Это зависит от формы собственности, которой вы владеете, ваших профессиональных навыков, и ваших целей.

Причём – все перечисленные факторы, важны одинаково. И можно – выбирать, свои приоритеты.

Продолжим, на базе примера с лобзиком.

Хотя – у Гугла есть возможности эффективно использовать свою собственность в цифровой индустрии. Фотографии, видео, музыка, разного рода контент, знания, всевозможные товары и услуги, и т.п.

Но, и нецифровые товары и услуги – тоже!

Выпиливание лобзиком, например.

Разберитесь в своём аккаунте и заполните все возможные сведения о своих возможностях. Там – их огромное количество. И всё – бесплатно. Вплоть до того, что указание о том, что именно Вы – выпиливаете лобзиком, со всеми характеристиками, особенностями, условиями, ресурсами, вариантами – появится на мировой карте. Чтобы любой желающий – мог Вас найти.

Если Вы в состоянии создать свой сайт – то и это возможно. Нет – просто дайте полное описание в одном из разделов. В другом разделе – сообщите о том, что Вам требуется. Например – в своём блоге, напишите, что Вы бы хотели собственную виллу на Арубе, и банковский счёт с восьмизначной суммой…

Но, только – реально, исходя из тех возможностей, которые Вы предлагаете миру.

Хотя, вполне возможно, что выпиливанием лобзиком и заинтересуется пару миллионов человек, и вилла на Арубе – будет вполне реальная…

Всё – возможно!

Главное – что Ваши предложения, своих возможностей и потребностей – уже будут доступны огромному количеству людей. Шансов – очень много!

Вероятно, что проделав все эти операции, Вам придётся ждать очень долго. Может – и несколько лет. Если никаким образом не способствовать собственному развитию.

С таким же точно успехом, можно написать на бумажке что-то, засунуть её в бутылку и бросить в море. С надеждой, что кто-то когда-то прочитает Ваше послание.

Одно лишь отличие, что бутылкой в море – Вы не можете управлять, а в Гугле – Вы можете и управлять течениями, ветром, и контролировать все процессы, которые будут происходить с Вашей «бутылкой с посланием».

И кроме этого!

Поскольку, в разных странах, а даже и в разных городах, районах и домах – люди по разному овладели Интернетом, то пока не произошло выравнивание среди человечества в использовании таких возможностей современных информационных систем, то вполне реальной помощью самому себе – будет «продвижение» выпиливания лобзиком среди своих знакомых и друзей. Предлагая им тоже – задействовать свои возможности, собственность в деле построения Вами своего Пост-Капитализма. Без взаимных обязательств и прав. Лишь – на основе общей Информационной системы. Интернета.

В этом случае – взаимные связи между Вашими возможностями и способами реализации Ваших потребностей, будут расти намного быстрее.

Т.е. – Вы сами примете участие в построении цепочек от «нужности» выпиливания лобзиком до виллы на Арубе, путём добавления в общую информационную систему – этих самых цепочек.

Например – для выпиливания лобзиком нужна фанера, на которой и происходит выпиливание, а фабрика, на которой производится эта фанера – остро нуждается в бухгалтерском учёте. Бухгалтерским учётом – владеет двоюродная сестра вашего соседа. И ей – недавно предлагали в оплату за её труд, именно виллу на Арубе!

Утрировано, конечно, но как пример…

Но…

Может случиться и обратное. Что Ваши возможности, собственность, умения – вообще никому не нужны. Даже – на всех континентах, и в самой захудалой африканской деревушке.

Такое – тоже может быть.

Современные «капиталисты», а вернее – дельцы использующие механизмы капиталистического способа хозяйствования, нашли способ как разрешать эту проблему. Они – создают искусственный спрос на те возможности, которыми обладают.

Например – широко разрекламировать необходимость выпиливания лобзиком для лечения болезни Альцгеймера…

И все – кто боится этой болезни, сразу бросятся к Вам, с предложением подарить Вам виллу на Арубе, только за то, что Вы их научите – выпиливать лобзиком…

В нашем с Вами случае, при построении конкретного Пост-Капиталистического мира – этого произойти не может. Потому что – информация и о выпиливании лобзиком, и о факторах, которые влияют на лечение болезни Альцгеймера – находится в нашей Общей Информационной Системе. В свободном доступе – для каждого. И только ленивый, или тупой – не воспользуется этой информацией, а будет предлагать Вам виллу на Арубе…

И в заключение.

Сейчас уже в мире, по разным оценкам, такие действия, которые мы с Вами провели со своей собственностью (выпиливание лоюзиком) в Гугле, совершили примерно 20 миллионов человек. Не всё – стандартизовано, конечно. Каждый – по своему, но тем не менее.

И существуют такие расчёты, что как только объём информации в Интернете о реальных возможностях каждого конкретного человека (собственности – см. Выпиливание лобзиком) достигнет величины – в 55% от всей интернет-популяции, и соответственно – обо всех потребностях каждого конкретного человека.

То эта информация – начнёт самостоятельную деятельность по ежесекундной оптимизации всех текущих экономических и общественных процессов. За счёт своей семантической природы и тех программных (цифровых) механизмов, которые уже вовсю работают в Интернете.

В том числе, и третье поколение развития Интернета – Социальные Сети.

Не зависимо от политических, государственных, идеологических и прочих рамок. По законам разума, доверия и общего Информационного Поля.

Тем самым – и будет построено Пост-Капиталистическое общество. В котором, на основе частной собственности на средства производства и оптимальной системы распределения соотношений возможностей и потребностей (Интернет), будут достигаться все необходимые для каждого человека условия полноценной жизни.

Почему бы не попробовать?

Е-Капитал.

«Следовательно, величина стоимости товара оставалась бы постоянной, если бы было постоянным необходимое для его производства рабочее время»

К. Маркс не мог предвидеть, что появятся возможности оптимизировать «необходимое для производства товаров рабочее время» при помощи Глобальной Информационной Сети.

Ещё нельзя сказать, что возможно сделать постоянным – рабочее время для производства всех товаров в мире, но – уже вполне реально снизить имеющуюся разницу до вполне приемлемых величин. Чтобы получить реальные показатели стоимости товаров. А не завышенные и искусственные, которые мы имеем сейчас, вследствие применения методик локального формирования стоимости.

Напомню, что К.Маркс употребляет выражение «общественный» лишь в смысле чего-то: «общего, т. е. непосредственно обобществлённого»

И о стоимости.

На мой взгляд, по истечению почти 150 лет, вполне возможно дополнить перечисление форм собственности, представленных в Капитале, ещё одной формой собственности.

Интеллектуальной, знаний, информации.

Собственность интеллектуальная, собственность информационная, собственность в виде знаний.

Не в смысле – право на собственность, произведённую в нематериальной форме, не право на собственные или общественные знания, цифровые продукты, авторское право и т.п.

НЕТ!!!

А нечто другое.

20 аршин холста	=	
1 сюртук	=	
10 ф. чаю	=	
40 ф. кофе	=	100 байт информации
1 квартер пшеницы	=	
½ тонны железа	=	
x товара А	=	

Причём, 100 байт информации о том, что необходимо для того, чтобы произвести и предоставить потребителю:

20 аршин холста, 1 сюртук, 10 ф. чаю, 40 ф. кофе, 1 квартер пшеницы, ½ тонны железа, x товара A

Эта форма собственности (как экономическая составляющая общей стоимости товара) появилась лишь с рождением компьютеров, хотя и существовала в неявной форме испокон веков.

Но, лишь с появлением компьютеров, а позднее и Информационной Сети (Интернета), роль этой составляющей в общей стоимости производственного процесса и потребления, растёт гигантскими темпами.

«Теперь товары выражают свои стоимости: 1) просто, так как они выражают их в одном-единственном товаре, и 2) единообразно, так как они выражают их в одном и том же товаре»

И…

3) семантически, так как они выражают их в своём взаимодействии через информацию о себе.

Отличие натуральной стоимости товара от его потребительской стоимости – стало ещё больше. Не в меновом качестве, не в количественном, не в свойствах человеческого труда, и даже не в качественном содержании.

А именно – в наличии новой составляющей. Информации (знаний).

Воспользуемся наиболее простым примером.

Стоимость конкретного товара, например, холста, выражается теперь в бесчисленных взаимодействиях элементов товарного мира.

И может зависеть от чего угодно.

От курса японской йены на Токийской Бирже, от величины средств, затраченных на рекламную компанию, от политических взглядов оболваненных новым «прогрессивным» лидером народов, даже – он активности пользователей Социальной сети (например – Фэйсбук).

От того, насколько эффективно действует логистика у товаров широкого потребления. От профессионализма работников торговой сети в действиях по созданию Искусственного Спроса.

От отсутствия желания у нескольких миллионов трудоспособных людей выполнять требования руководящей партии.

От перекосов в компьютерной грамотности и глобализации процессов производства.

Потребительская Стоимость холста, может быть одновременно и натуральной стоимостью. А, через дорогу – она может содержать в себе ещё и информацию о тупости (эффект Лоха) покупателей.

Или – наличие сговора между банками, в поддержании высокого уровня инфляции.

Или – необходимость поддерживать на высоком уровне зарплату работников сферы торговли из чувства Справедливости.

И ещё…

Многое и многое другое!

Возможно ли это всё учесть, чтобы выявить законы формирования потребительской стоимости?

Имеется ли трансформация Денежной формы собственности – в Информационную?

Лично мне, пока сложно ответить на эти вопросы. Наверное, необходимо разобрать ещё и принципы формирования капитала. Понять его современную структуру и механизмы влияния на экономику.

На мой взгляд, в отношении этого анализа сути Капитала Марксом, можно увидеть несколько изменений, в современном отношении к этим понятиям.

Выделим - основные два.

Первое. Наличие развитого потребительского рынка.

Маркс полагал, что нет ещё развитого потребительского рынка "Поэтому последовательные сторонники иллюзии, будто прибавочная стоимость возникает из номинальной надбавки к цене, или из привилегии продавцов продавать товары слишком дорого, предполагают существование класса, который только покупает не продавая, следовательно, только потребляет не производя. Существование такого класса с той точки зрения, которой мы пока достигли, с точки зрения простого обращения, ещё не может быть объяснено"

Но...

Сегодня - есть такой класс. Есть и такая точка зрения в экономике. Продавать и покупать - ничего не производя!!!

Идёт активное создание Капитала, без производства. На этот капитал (искусственно созданный) - приобретаются товары, и продаются по привилегиям продавца. В итоге - получается ещё больший Капитал. Который снова - пускается в оборот.

Отсюда - и все задолженности государств, и жизнь "в кредит", и переизбыток товаров, и недостаток средств для развития производств. И ещё много других проблем в экономике.

И второе.

Несмотря на всю катастрофичность применения первого вывода, в современном Капитале есть и скрытые резервы.

Поскольку, современная форма капитала, выглядит примерно так:

$$И \cdot - Д — И — Т — И — Д' — И$$

$$И — Т — И — Д — И — Т — И$$

Т.е. - Информация, участвует во всех процессах. В производстве товара, в формировании его стоимости, в потребительской стоимости, в меновой стоимости, в процессе продажи, в процессах превращения денег в капитал, да и во всех остальных, то...

Есть возможность - кардинально всё это оптимизировать. Нужно только эффективно научиться использовать всю эту Информацию для обеспечения процессов производства и удовлетворения потребностей.

Но, об этом...

Поговорим в следующей статье. О производстве Прибавочной стоимости.

Продолжение следует...

Зачем нужна Политика?

И...

Всё что связано с нею. Политические партии, государство, идеологии...

Поли□тика (греч. Πολιτική — «искусство управления» государством, сообществом, межгосударственными отношениями) — сфера деятельности, связанная с отношениями между социальными группами, сутью которой является определение форм, задач, содержания деятельности государства. (как говорит Википедия)

Сами же политики, говорят, что они служат народу. И основная их задача - это помощь нуждающимся.

Мол - пенсионеры сами о себе позаботиться не могут, вот тут - мы, политики, им стало быть помогаем.

Инвалиды, нетрудослособное население, всякого рода "плохие" члены общества...

Решение проблем между социальными группами, и управление общими потребностями, живущих вместе людей, как-то - оборона, защита прав, и т.п.

Но...

Так странно, что подавляющее большинство людей предпочитает некую надстройку над собой, которая, якобы - всем этим управляет, вместо того, чтобы решать существующие проблемы элементарными средствами экономики и обычной договорённости...

На мой взгляд, все, перечисленные выше задачи (потребности) вполне решаемы совершенно другими способами.

Экономическими - прежде всего. А где - сфера, ну уж совсем "не экономическая", то можно - договариваться.

Ведь есть же Интернет!

А где его нет - там можно и по старинке - собираться на площадях и договариваться!

Нафига кормить такую армию дармоедов, которые в своей жажде быть благодетелями - упорно трудятся, не производя ничего полезного.

Не понимаю! :))

Добро пожаловать – Web 4.0

Веб 1.0

Web 1.0 является ретронимом понятия, которое относится к статусу WWW и любому стилю дизайна веб-сайта, используемому перед появлением термина Web 2.0. Это — общий термин, который был создан, чтобы описать Сеть перед явлением взрыв пузыря «.com» в 2001, который и был замечен многими как поворотный момент для Интернета. Самой простой формулировкой смысла Web 1.0 скорее всего следует считать «тот Web, который был до Web 2.0». Это обычная практика — сравнение сайтов по типу используемой технологии.

Терри Флю, в 3-й Редакции New Media описал разницу между Web 1.0 и Web 2.0 такими словами:

развитие от персональных страниц до блогов и блог-агрегаторов, от простой публикации материалов до участия и обсуждения, от контента сайта, как результата больших инвестиций — к интерактивному процессу накопления информации, и от систем управления контентом (CMS) до систем основанных на ссылочных тегах (folksonomy)

Веб 2.0

Web 2.0 (определение Тима О'Рейли) — методика проектирования систем, которые путём учета сетевых взаимодействий становятся тем лучше, чем больше людей ими пользуются.[источник не указан 302 дня] Особенностью веб 2.0. является принцип привлечения пользователей к наполнению и многократной выверке контента. Определение Тима О'Рейли нуждается в уточнении. Говоря «становятся лучше», имеют в виду скорее «становятся полнее», то есть речь, как правило, идёт о наполнении информацией, однако вопросы её надёжности, достоверности, объективности не рассматриваются.

Веб 3.0

Web 3.0 (определение Джейсона Калаканиса) — высококачественный контент и сервисы, которые создаются талантливыми профессионалами на технологической платформе Web 2.0.

Данное определение было опубликовано в личном блоге руководителя Netscape.com, создателя поискового стартапа Mahalo.com и сети сайтов Weblogs Джейсона Калаканиса (Jason Calacanis) [1] 10 марта 2007 года. Оно базируется на общем положении, что Web 2.0 — по своей сути, технологическая платформа, позволяющая на своей основе практически бесплатно создать ряд сервисов. Подобная доступность привела к появлению огромного количества однообразных ресурсов, что, соответственно, девальвирует ценность большинства из них. На смену технологической платформе Web 2.0 призвана прийти третья — культурная версия Web, используемая профессионалами для создания нового — интересного и полезного — контента.

Web 3.0 — концепция интернета, подразумевающая синтез сильных сторон Web 1.0 и Web 2.0: интернет-проекты, объединяющие профессионалов, но построенные по сетевому, полицентрическому принципу[1].

Одной из версий трактовки термина Web 3.0 является идентификация его как Семантической Паутины (Semantic Web). Главная мысль этой концепции базируется на внедрении мета-языка, описывающего содержание сайтов для организации автоматического обмена между серверами. Описательные механизмы Семантического Веба действительно разработаны (RDF, DAML, OIL, OWL), однако на этапе обработки и вывода информации появляется ряд проблем:

появляется необходимость дополнительных затрат для создания семантической версии каждого сайта, что делает технологию значительно менее доступной;

отсутствие гарантии адекватного описывания веб-мастерами собственных ресурсов (аналогично с историей использования тега «keywords»);

невозможность принятия единого формата описания свойств ресурсов в условиях существующей конкуренции из-за корпоративно-рекламной политики создателей ресурса и наличия широкого поля для манипуляций описательными механизмами.

Другим определением Web 3.0 является концепция Менеджеров знаний. Озвучена она была главным редактором портала Ева.Ру Алексеем Андреевым[2] в 2006 году. Согласно этой концепции, менеджер знаний — это эксперт в конкретной области, привносящий в сообщество (Web 2.0) качественную отобранную информацию (Web 1.0), тем самым избавляющий рядового пользователя от необходимости поиска и оценки.

Самым показательным примером работы Web 3.0 — является появление Социальных Сетей. Facebook, MySpace, Twitter, и русскоязычные клоны — вКонтакте, одноклассники и т.п.

Google — готовит выпуск новой Социальной Сети Google Me, которая уже будет содержать в себе все современные элементы Web 4.0., а также – доступность для более миллиардной аудитории.

Вэб 4.0

Web 4.0 Era Is Upon Us

Web 4.0 (обобщённое определение) - высококачественный контент и сервисы, которые создаются обычными пользователями на технологической платформе Web 3.0.

Т.е. – создание контента, служб и сервиса для общения, работы, обучения, отдыха и т.п. – становится настолько доступным, что каждый неискушённый пользователь Интернета, в состоянии создать собственную площадку в Интернете, где будет реализовываться сам и вместе со своим социумом. Со своими друзьями, знакомыми, коллегами и единомышленниками.

Сейчас, прямо сейчас – происходит обновление возможностей Web 3.0. – до возможностей Web 4.0.

Точнее, текущее состояние, можно назвать Web 3.5. Промежуточная форма. Когда Web 3.0. – уже обладает возможностями Web 4.0., но Web 4.0. – ещё не в состоянии функционировать полноценно.

Что является наглядным примером этого?

Появление, практически на всех сайтах – кнопок, которые позволяют "расшарить", отправить ссылку на понравившийся материал (статью, видио, комментарий, и т.п.) – в свой блог, или в свою площадку на одной из Социальных Сетей.

Тем самым – каждый неискушённый (как профессионал) пользователь, уже вполне может самостоятельно формировать контент для себя, и для своего Интернет-окружения. Формируя определённую тему, направленность, постоянно обновляющегося фона, существующих взаимодействий внутри своей группы, своего социума.

Достаточно просто нажать кнопку, на странице понравившегося материала, и этот материал – становится доступным для обсуждения, совместного анализа, дискуссии, развития, и т.п. — для конкретного круга единомышленников.

"Отправить" материал в своё сообщество на Facebook, Twitter, vKontakte, Odnoklassniki…

Конечно, этот процесс, в развитых сегментах Интернета идёт уже давно. От 2 до 5 лет, в зависимости от интернет-грамотности населения, конкретных стран.

И, в профессиональной сфере – этими механизмами уже давно пользубтся. Например – для решения некой профессиональной задачи, создаётся онлайн-сообщество, в которое №накидывается" онлайн-материал, позволяющий – максимально широко "взглянуть" на проблему и обеспечивающий максимум возможностей для её решения.

Поэтому – и в бытовом аспекте, современная тенденция проникновения этих методик в широкие массы населения, носит более коммерческий оттенок. Обогатиться, прославиться, выделиться, привлечь как можно больше пользователей…

Как бы – обеспечивая на своём ресурсе, максимально привлекательный материал, "коммерсант" предполагает осуществление своей коммерческой привлекательности. Возможности заработать, обладая широким кругом пользователей, друзей или просто – читателей своего контента. Но…

Это – утопия.

Хотя, наличие перекрёстных ссылок между разными сайтами, значительно увеличивает поисковую доступность ресурсов, определяя некую оптимизацию поисковых машин, но – только очень грамотные специалисты могут довести этот процесс до реальной экономической выгоды. До – фактического получения прибыли, за счёт массового использования своего контента.

А что же с "обычными" людьми? Рядовыми пользователями Интернета? Зачем им - Web 4.0.

Всё очень просто!

Этот механизм – позволяет уйти от централизованных ресурсов. Громадных "тусовочных" порталов, где нужно трепаться обо всём, чтобы получить хоть крупицу для развития собственного мнения, применения собственных возможностей.

Децентрализация знаний, возможностей, умений, способностей, талантов – в их проявлении, через создаваемый и привлекаемый контент, позволяет более эффективно взаимодействовать внутри своей группы. Тем самым – полнее использовать имеющиеся внутри группы (сообщества) ресурсы, для достижения…

Любых целей!

На мой взгляд – в первую очередь, начнут проявляться творческие стороны и возможности. Поскольку – нет прямого (живого) контакта с аудиторией. И любые проявления творческой стороны нашей жизни – гораздо спокойнее, направляются для обсуждения, оценки – к своим друзьям, знакомым…

Тем более, что – делиться творческими проявлениями своей натуры, это процесс – позитивный, с любой точки зрения. Естественно – если не преследовать, изначально, некие коммерческие интересы.

А это – и не получится, в рамках своей аудитории, своего сообщества. Как можно "втюхивать" своим друзьям написанный тобой стих, или – найденный на просторах Интернета – видео-ролик, с предложением купить его?

Только – путём общности интересов, в результате эффективного обмена информацией, знаниями, умениями, мыслями и возможностями, могут родиться (в результате) некие продуктивные механизмы. Которые позволят использовать созданный общими усилиями контент, службы, сервис…

Через – децентрализацию созданных искусственно интернет-сообществ, к рождению объединений на основе общности интересов, создаваемого и привлекаемого контента (знаний, умений, новостей, достижений, возможностей…)

Для расширения возможностей! Для удовлетворения потребностей!

Это – процесс длительный, нелёгкий, но – очень естественный и продуктивный. Тем более – что инструменты для этого уже существуют!!!

Добро пожаловать - Web 4.0.!!!

Апокалипсис капитализма. Год 2012

 Прогноз развития информационного общества.

Возможно, что умные Майя и прочие Нострадамусы, были правы в своих предсказаниях, что в 2012 году нашу планету ждут грандиозные катаклизмы, повлекшие за собой миллионы смертей, горе и начало нового возрождения человечества.

Единственное, в чём они, возможно и ошибались, так это в силах, которые приведут к этому Апокалипсису.

Естественно, что им было не предугадать, что наше общество начнёт использовать технологии, не для развития своего потенциала, а для неуёмного обогащения совершенно немыслимой субстанцией в природе – Деньгами. Обогащаться – бумажками, на которых написаны цифры, или – цифрами, которые записаны в виде нулей и единичек в компьютере…

Такое не могло прийти в голову даже самым ясновидящим из ясновидящих.

Поэтому – они переложили свои видения, отразили грозящие катастрофы во что-то более реальное. В природные катаклизмы. В то – что ближе самому естеству человека.

Вероятно, надеясь, что потомки смогут разобраться в этих образах и своевременно найти пути ослабления эффекта от грозящих человечеству ужасов.

Такая вот преамбула.

Что же может привести к такого рода всепланетным катаклизмам, если не брать на веру возможности «закипания» Солнца и ядра

Земли, выстраивание планет в линию, угрозы астероидов и инопланетян?

Что?

Если обратиться к истории, то можно построить своеобразные тренды, по разным причинам возникновения, сравнимых по объёмам прогнозируемых на 2012 год катастрофам.

Например – смена общественно-политического строя. Показателями таких исторических катастроф всегда становились войны. Неся миру огромное число жертв и изменений в устройстве мира.

Ну, хоть – войны Александра Македонского, или – Чингиз-Хана. Войны средневековья. Или – первую со второй Мировые войны.

Проанализируйте динамику жертв, и последствий…

Или – смена идеологии. От религиозных битв евреев с мусульманами до противостояния протестантов лютеранам, и крестовые походы.

Проанализируйте динамику жертв, и последствий…

Или – изменения в языке. Вавилонская резня, сражения за латынь, и современные информационные войны во славу английского языка.

Проанализируйте динамику жертв, и последствий…

Во всём перечисленном, происходило постепенное наращивание количества жертв и критичности достигаемого эффекта. Элементарный математический прогноз построенный на таких данных, говорит что следующее в этом ряду событие – будет сравнимо с всепланетным катаклизмом, сходным по описанию со всеми предсказаниями древних ясновидящих.

Миллионы жертв и глобальные изменения.

Что ещё?

Экономика.

Да. Конечно. Поскольку, экономика втихушку всегда стояла за спинами обозначенных выше Актёров на мировой сцене.

И в случае войн пере кроения государств, и в случае смены идеологий, и во всех остальных исторических событиях.

Миллионы жертв и глобальные изменения.

Так что же может ждать нас на вершине этого страшного графика, упирающегося в цифру 21.12.2012?

Хотя, совсем необязательно, что в эту цифру. Исторические неточности допускают погрешности в сотни лет, а уж реальные погрешности прогнозов в несколько месяцев — не могут послужить доказательством отсутствия условий для осуществления этого прогноза. Увы!

Это были вводные данные для анализа предпосылок.

Перейдём сразу к построению прогнозов, минуя анализ текущей ситуации, так как объективный анализ займёт несколько сотен страниц текста, а субъективный — никому не нужен.

Воспользуемся семантическим анализом. Смысл происходящих исторических событий имеет тенденцию сохранять свои приоритеты, и создавать прогнозы, вполне соответствующие отражению реальности.

Итак.

В 2012 году произойдёт Апокалипсис Капитализма!

Будет эта дата лишь его началом, или пиком его активности – об этом наш прогноз умалчивает вследствие существования допустимых погрешностей в расчётах.

Произойдёт очередная смена общественно-экономической формации. В глобальных размерах.

Первым актом этой планетарной пьесы станет отказ общества от Денег, как от средства оценки и оплаты труда.

Сейчас имеются робкие эксперименты в этой области. К примеру – онлайн магазины аукционной торговли. EBay и его аналоги по всему миру. Практически, они отрабатывают эффективность моделей для полного отказа от денег, для приобретения необходимых товаров и услуг. Участвуешь в аукционе – и можешь получить товар, всего за 1 рубль. Любой товар!

И уже в этом году (2010) появятся в интернете первые онлайн-магазины по типу No-Cash Shop. Покупки – без денег.

В которых реальные (а не виртуальные) товары и услуги будут оплачиваться реальными товарами и услугами. Но это не будет возвратом к натуральному обмену. Нет.

Это будет совершенно новая форма экономических взаимоотношений, основанная на свойствах семантической сети обнаруживать необходимые связи между спросом и предложением.

Разумеется – благодаря растущей информатизации общества и экономических процессов.

Эти попытки наладить экономическую деятельность без участия в ней Капитала, приведут к спонтанному росту последователей и распространению по Всемирной паутине аналогичных по свойствам экспериментов с отношениями по типу товар-услуга-товар-услуга. Без участия Денег (Капитала).

Далее – к этим экспериментам подключатся информационные системы индексирования платежеспособности населения в таких странах как Швеция, Германия, США и Канада.

Количество участников такого рода сделок составит небывалую цифру – 50 миллионов пользователей ежедневно...

Но начнутся и первые потери.

Резко снизится активность современной системы торговли. Такие отрасли как Реклама, Маркетинг, Средства Продвижения Товаров, СМИ, Каменная торговля, Оптовая торговля, Розничная торговля — первыми начнут лопаться как мыльные пузыри.

Далее — все зависящие на них отрасли. И далее — как карточный домик...

Начнётся невиданная доселе безработица и повальное обнищание народов. Резко подскочит уровень преступности. Голод. Протесты и бесчинства.

В странах с наиболее развитой системой социальных гарантий для населения, таких как Швеция, Германия, Швейцария, Австралия, Канада, Саудовская Аравия и т.п. — эти процессы будут протекать в щадящем режиме. Но остальные страны — США, Россия, Китай, Казахстан, Польша и практически все малые страны — испытают на себе широкий рамах гражданских волнений, войн и разгул анархии.

Остановки и взрывы ядерных реакторов, неконтролируемые последствия естественных природных катаклизмов и промышленных аварий, рост числа эпидемий, разгул бандитизма и мародёрства…

Африканские и Южно-Американские страны – наоборот, сумеют быстрее приспособиться к меняющимся условиям жизни, сосредоточившись на удовлетворении естественных потребностей своих граждан.

Следующим этапом произойдёт крах всей банковской системы мира. И всех сопутствующих институтов управления денежными потоками. Остановится всё производство. Опустеют поля и фермы.

К этому времени число человеческих жертв Апокалипсиса может достигнуть 150 миллионов человек. И более 2 миллиардов человек окажутся в состоянии – над пропастью.

Апокалипсис. Катастрофа.

А будет ли Happy End?

Будет! Обязательно будет!

В самый страшный момент, когда уже у человечества практически не останется никаких надежд на выживание, в игру вступят современные Александры Македонские и Чингиз-Ханы. Это мировые корпорации, занимающиеся информационным обслуживанием потребителей. Google, Microsoft, Apple и т.п.

Поскольку – у их владельцев, руководства и сотрудников окажется самый большой запас прочности в меняющемся мире, то они сумеют быстрее адаптироваться, приспособиться к новому общественно-экономическому порядку.

Разумеется, по-выжидая и по-наблюдая за событиями «со стороны», в целях принятия единственного и правильного решения в деле исправления возникших проблем.

Они утратят способности быть монополистами, и управлять процессом, поскольку система открытого информационного общества по своей природе не допускает перекосов в правах обладания информацией.

Но сумеют вытянуть планету из образовавшейся денежной (капиталистической) воронки на месте крушения современного Титаника.

В малоразвитых (в оснащении компьютерной техникой и компьютерной грамотности) странах будут созданы сети локального сбора и распространения информации. Своеобразные информационные ретрансляторы.

В развитых странах – будет достаточно провести организационные мероприятия и процесс сбора, распространения информации наладится.

За довольно короткое время произойдёт оснащение практически всего человечества средствами доступа к мировой информационной системе, что позволит начать процесс оздоровления мировой экономики уже на новых рельсах пост-капиталистического общественно-экономического строя.

Постепенно начнут угасать гражданские волнения и последствия экологических катастроф.

Произойдут изменения и на политической карте мира. Первыми начнут отмирать государственные структуры малых стран, ввиду отсутствия рычагов управления страной и поддержания собственной власти над народом.

Крупные государственные образования какое-то время будут сохранять видимость государственной системы.

Наиболее развитые государства, имеющие в своём арсенале компьютерно грамотное население, налаженные информационные системы и методики взаимодействия с обществом посредством этих систем, сумеют в кратчайшие сроки обеспечить своему населению основы для постепенного регулирования благосостояния в сторону его стабилизации.

С постепенным вовлечением в единую информационную систему и естественным отмиранием всех функций государственной власти.

Неразвитые, в этом отношении, страны — будут вынуждены пройти через этап полной деградации общества и экономики.

Среднеразвитые страны — используя внешнюю поддержку, сумеют двинуться дальше со своего места в общем информационной системе мира.

Отныне и на долгие времена, власть на всё в мире будет принадлежать самой информации. Исчезнет частная собственность — в форме средства для создания прибыли, поскольку отпадёт сама необходимость создавать прибавочную стоимость и прибыль, сохранив функции собственности на произведённый продукт и средства производства.

Соотношение спроса и потребления (система распределения) будет регулироваться естественными процессами взаимодействия информации о реальном спросе и реальном потреблении, в семантических сетях. И будет таким же естественным, как и регулирование смены времён года на планете Земля.

Общественные отношения станут абсолютно открытыми и прозрачными.

В течение следующих 5 лет – вся планета будет охвачена единой информационной сетью. Каждый из жителей Земли будет иметь возможность участвовать своим трудом, знаниями, творчеством – в мировом процессе производства товаров и услуг, и потреблять необходимые ему товары и услуги из любого уголка планеты и в любом уголке планеты. Выражать своё волеизъявление и участвовать в глобальных системах индексации общественного мнения.

В результате динамического индексирования общественного мнения всей планеты, с обратной связью на экономические показатели мировой экономики, постепенно прекратятся гражданские волнения, исчезнут распри на национальной, религиозной, идеологической и классовой почве. Поскольку любая информация обо всём в мире станет доступна каждому, а семантические механизмы получившегося искусственного разума, будут регулировать все текущие процессы для их позитивного развития на благо человека.

Наступит эра благоденствия и процветания. Активного творчества и развития культуры. Эффективного труда и необходимого потребления.

Планета и Природа начнут свой очередной цикл соединения с Человеком.

Художественное оформление: STUDIO DVD

Издательство: STUDIO DVD - Iouri Haller - Eveda.org

Вёрстка: STUDIO DVD

www.eveda.org

Издание №1

Подписано в печать 05.12.2010

Электронное издание 10.12.2010